JN411790

# 안 가본 길

# 안 가본 길

장윤태 시집

月刊文學 출판부

# 여섯 번째 시집을 내며

어느새 등단 20년이 훌쩍 지났으니 지금쯤은 중진 시인 소리를 들을 법도 한데 명색만 시인일 뿐 아직도 나는 남 앞에서 내가 시인입네 하고 명함을 내밀지도 못한다.

그만큼 잘난 시인들이 부지기수인데다 그동안 나의 시가 처음이나 지금이나 남 앞에 내세울 만큼 크게 달라진 게 없다는 것도 그 이유 중의 하나이다.

그럼에도 또다시 글을 쓰는 까닭은 이것밖에 딱히 달리 잘하는 게 없어서이기도 하고 먼 훗날 아니 내일이 될지도 모르지만 나의 후손들에게 너희 할아버지는 이렇게 살았다는 것을 남겨주고 싶은 마음에서다.

교단을 떠난 후 소일거리를 찾기 위해서 가까운 남양주시청 평생교육원을 기웃거리다가 우연히 탁구교실에 발을 디디게 되었고 또 우연히 거기에서 시작한 포토샵 공부에 그나마 흥미가 생겨서 5개월 씩 무려 세 번이나 수강 중이다. 어깨 너머로 배운 컴퓨터 실력으로 포토샵 강의를 듣는다는 게 처음에는 그리 녹록치 않아서 많이도 버벅거렸지만 세 번째 강좌를 들다보니 이제야 포토샵에 대하여 조금 재미를 붙이게 되었다. 배울수록 어려운 것 중의 하나가 포토샵이기도 하지만 내 친김에 나의 시를 내가 찍은 사진으로 포토시화전을 갖고 싶은 욕심마저 생기게 되어 현재 포토시화전 작업을 열심히 하고 있는 중이기도 하다.

배움에 나이가 무슨 상관이 있으랴. 이런저런 공부를 한다고 친구들 모임에 자주 빠지기도 하였지만 그 친구들도 그동안 내가 무슨 짓을 하고 지냈는지 이제는 이해하여 주리라 믿는다.

어느새 세월이 흘러 밖에 나가면 천덕꾸러기 신세가 되었지만 집안에서는 아직도 내가 하는 일이면 무엇이고 잘했다고 칭찬을 아끼지 않으며 늘 나를 왕처럼 떠받들어주는 아내가 고맙고 든든한 후원자인 식구들 특히 나의 힘이 되어주는 손자손녀들 그리고 바쁜 중에도 흔쾌히 나의 시평을 보내준 한양대학교 교수 정재찬 제자에게도 감사의 마음을 전합니다.

2018년 새해 아침
남양주 다산동에서
樹海 장윤태

차례

## 손주바보 2

## 밥상머리 3

## 늙어가면서 4



| 작품해설 |

## [포토시화] 꽃 이야기

# 1

# 안 가본 길

# 새해 아침에

아직도 마음은 새파란데
나이가 들어 어쩔 수 없이
하던 일을 그만두고
아낙군수로 살아온 지도 벌써 열세 해째
뭐 그리 바쁜 일이 있다고
달음박질로 살아온 지난 한 해도 뒤돌아보니
너무 각다분하고 허둥대며 살아온 것 같아
많이 부끄럽습니다
새해에는
좀 더 거늑한 마음으로
좀 더 때를 느루 쓰며
비록 마음먹은 게 오래가지 못할지언정
애오라지 글쓰기에만
힘을 다 하겠습니다
새해 아침
사랑하는 마음을 바구니 가득
안다미로 담아드리며
늘 보람찬 나날 되시기를 두 손 모아 빕니다

# 새해 소망

—아들딸들에게

너희 삼남매 낳아
시집 보내고 장가 들이고
어찌어찌 살다보니
정년을 맞이하고
또 우물쭈물
칠십 고개를 넘어서고 보니
지나온 세월이 꿈처럼 아련하다
너희들이 잘 살아줘서 기쁘고
무엇보다
감기 한 번 모르고 살아온
너희들 엄마가 고맙구나
올 한 해도 우리 열다섯 식구
지금처럼
오손도손
주님 사랑 안에서
행복하게 살아가자꾸나

# 가족

마음속에
미움의 싹을 키우며 살아가는 사람들은
눈을 뜨고도
서로의 얼굴이 보이지 않고
아무리 가까이 있어도
서로의 목소리를 들을 수 없지만
마음속에
사랑의 씨앗을 키우며 살아가는 사람들은
눈을 감아도
서로의 얼굴이 다 보이고
아무리 멀리 떨어져 있어도
서로의 목소리를 다 들을 수 있습니다
미움이 자라면
불행의 열매를 맺지만
사랑이 자라면
행복의 열매를 맺는다는 것을
마음속 깊이 새기며 살아갈 일입니다

# 빌고 또 빈다 · 1

형님이 조금 일찍 세상을 떠나셨지만
위로 세 분의 누님이 살아계시니
아직 내 차례는 아니겠거니 생각하다가도
오는 순서는 있지만
가는 순서는 없다는 말을
어느 누가 부인하랴
그날이 언제이건
99 88 은 아니어도
이삼일만 앓다가 떠날 수 있기를
잠자리에 들 때마다
빌고 또 빈다

# 빌고 또 빈다 · 2

내 삶의 마지막 날이
내일일지
언제일지 알 수 없지만
종착역에 가까이 이르렀음을 내 어찌 모르랴
모시고장으로 시집가서
바느질 솜씨가 빼어난 둘째 누이가
내 마지막 입고갈 옷까지 지어주셨으니
이제 남은 것은 들어가 누울 집을 준비해야 한다며
마누라는 눈만 뜨면 걱정이지만
나 떠난 후 찾아올 아들, 손주도 가까이 없는데
아무데나 들어가 눕던지
흔적 없이 떠나면 그만이지
집은 뭔 놈의 집이냐며
한사코 손사래를 친다
떠나는 날까지 그저 고통이 없기만을
빌고 또 빌며

# 사는 게 뭐길래

고대광실에서
떵떵거리고 살던 사람도
마지막
저 세상 가는 길엔
마른 목 축일 물 한 병 살 돈 한 푼
쥐고 갈 수가 없는데
사람들은 왜 자꾸만 움켜쥐고
펼 줄을 모를까

돈방석에 앉아서
홍청망청 살던 사람도
마지막
저 세상 가는 길엔
고픈 배 채울 떡 한 쪽 살 돈 한 푼
넣고 갈 수가 없는데
사람들은 왜 자꾸만 끌어안고
내려 놓을 줄을 모를까

# 행복했습니다

99 88 2 3 4
누구나 팔팔하게 살다가
이 삼 일만 앓고 죽을 수 있다면
아흔아홉이 아니라
천 만 년인들 마다할 사람 어데 있을까만
세상 부러울 게 없던 진시황도
세상 무서울 게 없던 나폴레옹도
죽음의 벽은 넘지 못하였느니
나는 주님께서 부르시면
언제라도 선뜻
그 분을 따라나서리라
이 세상에 와서 정말
'행복했습니다' 라는 말과 함께

# 꿈

깊은 밤
갑자기 용광로에 들어가는 꿈에서 깨어난 나는
오만가지 잡념에 뒤척이며
잠을 이룰 수가 없다
팔십을 향해 달려가는 사람이
눈 감으면 그만인 것을
불가마가 뭐가 그리 무섭다고
발버둥을 쳤을까
한치 앞도 모르는 게 우리네 일이지만
"시몬아, 어데 있느냐?" 고 그분께서 찾으시면
"예, 저 여기 있습니다." 하고
지체 않고 달려가기로
단단히 다짐하고서도
웬 놈의 욕심이 자꾸만 커지는 것일까
손주들이 초등학교 들어갈 때까지만 살았으면 하던 소원이
이제는 얼토당토않게
손자손녀 시집 장가 가는 꿈을 다 꾸다니

## 차례

비록
형님 한 분이 먼저 세상을 떠나셨지만
아직
위로 두 분의 누님이 살아계시니
내 차례는 멀었거니
스스로 위로하며 지냈는데
어제는
멀쩡하던 친구가
폐암 3기라는 암울한 소식에
오늘은
또 멀쩡하던 친구가 갑자기 세상을 떠났다는
비보가 날아왔다
하기야
가는 순서야 따로 없을 터
언제 불려가도 후회가 없도록
하루하루
최선을 다하여 살아갈 일이다

# 안 가본 길

가는 길은 얼마나 멀까
꽃길일까
가시밭길일까
한 번 찾아갔던 길도
두 번 다시 찾아가려면
긴가민가 영락없이 헤매는
길치 중에 상길치인 내가
한 번 가서는
아무도 되돌아온 적이 없는 그 길을
오늘은 두수없이 혼자서 찾아나서야 한다
마누라 없이는
한 발짝도 움쩍 못 하던 내가
오늘은 혼자 찾아가서
마침내 아버지 집에 다다르면
나는 말하리라
당신 말씀 따라 살아온 이 영혼
부디 거두어
당신 집에 머물게 해달라고
오래오래

# 안녕 내 사랑

당신이 뭐라고 손짓하며
슬피 울어도
나는 이미 돌아갈 수 없는 강을 건넜으니
어쩌겠어요
함께 했던 시간 고마웠고
오직 나만을 왕처럼 받들어 준
당신의 사랑과 희생
고마웠어요
내 사랑 그대여
어차피 동행할 수 없는 이 길
내가 먼저 가서 기다릴테니
너무 슬퍼하지 말고
아프지도 말고
기쁜 마음으로 지내다가
훗날 우리 다시 만나서
못다 한 사랑 나눕시다
그때는 내가 당신을 여왕으로
받들어 모시고 살리다

# 요양병원 풍경

뼈를 깎아 키운 6남매
저마다 성(城) 같은 집을 짓고 살아도
어느 집 하나
들어가 편히 누울 데가 없어
불면 날아갈 듯 마른 가랑잎으로
요양병원 침대에 누워계신 할머니
푸석한 머릿결 쓰다듬기는커녕
눈 뜰 힘조차 기진한 듯
말없이 몰아쉬는 가쁜 숨소리만이
살아있음의 전부이다
만산홍엽
이 아름다운 가을을
조금만 더 즐기다 가시라고
붙잡고도 싶지만 그러기엔
당신의 아픔이 너무나 커
더 이상 붙잡지 못하고
그냥 보내드립니다
슬픔도 고통도 이별도 없는
아버지 곁으로

# 나중에

보고 싶다고
보고 싶으니 만나서 소주나 한 잔 하자고
전화를 걸 때마다
지금은 바쁘니
나중에 전화를 하겠노라던 친구

한 달이 지나고
또 한 달이 지났는데도
여전히 깜깜소식인 그 친구는
아직도 일이 바쁜 걸까
아니면

# 누가 그를

마음속에는 향기를 품지 않고
겉에만 향수를 뿌리고 다닌들
날내나 풀풀 날 뿐
누가 그를 진정
향기로운 사람이라 부르랴

생각 속에는 젊음을 품지 않고
머리카락만 까맣게 염색하고 다닌들
겉모습이나 그럴싸할 뿐
누가 그를 진정
젊은이라고 부르랴

늙어갈수록
마음을 깊고 풍성하게 살찌우고
날마다
생각을 젊고 푸르게 푸르게
가꿔 나갈 일이로세

# 저답게

사람들이 저마다
제 분수를 모르고 산다면
이 세상은
정말 몰골사납겠지만

사람들마다
저답게 살아간다면
이 세상은
얼마나 아름다울까

부모는 부모답게
종교인은 종교인답게
정치인은 정치인답게
시인은 시인답게

사람들마다
저답게 살아간다면
이 세상은
얼마나 따뜻할까

# 왕숙천을 걸으며

왕숙천 산책길을 걷는다
음악이 흐르는 강물 따라
바이커들이 쏜살같이 달려가고
이따금
전철이 강을 가로질러 달려간다
길따라 늘어선
해바라기들이 나를 반기고
하늘하늘
코스모스들이 가을바람에 춤을 춘다
오리 떼가 한가로이 자맥질하는 왕숙천은
마침내 미음나루에서 한강을 만나 춤을 추며
하나가 되어 서해로 흘러가는데
분단 60년 우리는 언제쯤
저 강물처럼 함께 만나
서로 얼싸안고 춤을 출거나

# 오늘도 어제처럼
## ―부산 달맞이 언덕 풍경

날마다
달맞이 언덕 동창(東窓) 너머로
불끈 솟아오르는 햇님과
아침 인사를 나눕니다
오늘 하루도
저 동해바다 잔잔한 물결처럼
내 마음도 평온하기를
설령
저 바다가 갑자기 사나워져
거센 풍랑이 일지라도
내 마음의 바다는
오늘도 어제처럼
그렇게 참 평화롭기를

날마다
달맞이 언덕 동창 너머로
불쑥 솟아오르는 달님과
저녁 인사를 나눕니다
오늘 밤도

저 반짝이는 밤하늘처럼
내 마음의 하늘도 빛나기를
설렁
저 하늘이 갑자기 사나워져
먹구름이 낄지라도
내 마음의 하늘은
오늘도 어제처럼
그렇게 환히 빛나기를

## 그곳에도
—개성에 다녀와서

그 곳에
살붙이를 두고 온 것도 아니니
설령 내 생전에
그 땅 한 번 못 밟아본다 한들
가슴 아플 것도 없고
반 백 년 동안
서로 오도가도 못 하는
조국 분단의 비극도
내 알 바 아니라 생각하고
그렇게 살아왔는데
그게 아니었습니다

그곳에도
호시탐탐 전쟁만 좋아하는
뿔 달린 사람들이 살고 있는 게 아니라
우리와 똑같은 얼굴
똑같은 풍습
똑같은 말을 쓰는
바로 내 형제들이 살고 있었습니다

사상이 무엇이라고
그 이념의 차이 하나로
서로 오도가도 못 하고
가슴앓이만 하면서

# 황금산 아리랑

황골산이라고 천대받던 산이
언제부터인가
황금산으로 불려지면서
지금동도 덩달아 황금동으로
탈바꿈하기 시작했습니다
하찮은 들꽃도
그 이름을 귀히 불러주면
반짝반짝 빛을 더하는 것처럼
마침내 황금산은
서해로 유유히 흘러가는
한강을 굽어보며
예봉산과 금단산을 벗 삼고
저 멀리 관악산과 북한산이 조우하며
그 품안에 시민들을 다 끌어안고
남양주의 중심에서
힘차게
용틀임하고 있었습니다

# 어서 빨리

——세월호가 침몰되던 날

주님
어서 빨리
당신의 능력을 보여 주소서
성난 파도를 잠재우고
물 위를 걸어 바다를 건너시고
죽은 나자로도 살려내신
당신의 그 놀라운 능력을
지금 다시 한 번 보여 주소서
차가운 바다 속에 갇혀있는 저들을
어서 빨리
물 위로 들어올리시어
저들의 가족 품으로 보내시어
주님 부활의 기쁨을
함께 누리게 하여 주소서
어서 빨리

—2014년 4월 16일

# 2
## 손주바보

# 손주바라기꽃

세상에서
이보다 더 예쁜 꽃이
어데 있고
이보다 더 귀한 보물이
또 어데 있으랴
꽃 중의 꽃
보물 중의 보물
온종일 해만 쫓는 해바라기꽃처럼
손주 녀석들을 향한 이 마음
비록 짝사랑이라도 좋다
오늘도 온종일
손주들 주위만 맴도는
우리는
손주 바라기 꽃이랍니다

## 손주바보 · 1
### —내리사랑

둘이 만나서
딸딸 아들을 낳고
불면 날아갈까
애지중지 키웠더니
어느새 삼남매가 훌쩍 자라
저마다 둥지를 틀고
그 속에서 일곱 손주들이 태어났다
자식은 내리사랑이라고
그 손주 녀석들이 자라면서
어찌나 예쁜지
들여다보면 볼수록
새 힘이 불끈불끈 솟는다

## 손주바보 · 2
—가족사진 찍기

올망졸망 손주 녀석들
한자리에 앉히기가
어찌나 힘이 들던지
한 놈 잡아 앉혀놓으면
다른 놈이 달아나고
다른 놈을 붙잡아 앉혀놓으면
또 다른 놈이 도망치고
간신히 여섯 놈을 다 앉혀놓으니
뭐가 그리도 우스운지
키득키득
구도며 초점을 맞출 겨를도 없이
카메라 셔터를 눌러대어
겨우 건진 한 장의 사진
들여다보면 볼수록 웃음이 터진다
엔돌핀도 팍팍

## 손주바보 · 3
—보고 또 봐도

손주 녀석들이 오면 반갑지만
가면 더 반갑다는 말은 괜한 소리
알토란 같은 새끼들
보고 또 봐도 돌아서면
금방 또 보고 싶어지는 마음

함께 모여
지지고 볶을 때는 몰랐는데
훌훌 다들 떠나고 나니
올망졸망 그 모습들 눈에 선하고
조잘대던 그 목소리들 귓가에 맴돈다

새끼들은 알까 모를까
멀리 있으나 가까이 있으나
보고 또 봐도 돌아서면
금방 또 보고 싶은
이 할애비의 마음을

# 손주바보 · 4
—그것이 문제로다

캐나다 손주들이 눈에 밟혀
태평양을 건너갔더니
가자마자
한국에 두고 온 손주들 생각에
새벽잠을 이룰 수가 없네
당최 정이란 게 뭐길래
그 정을 두고는
한 발짝도 뗄 수가 없으니
내 마지막 날
어찌 그 정들을 다 떼어버리고
홀로 떠날 수가 있을까
그것이 문제로다

# 손주바보 · 5

—기쁨 전도사

손주 녀석들
만나기만 하면
뭐가 그리도 우스운지
한 번 웃음보가 터지면
깔깔깔 호호호
멈출 줄을 모른다
덩달아 내 마음도
웃음이 터져
배꼽을 움켜쥔다
날마다 우리에게
기쁨을 충전해 주는 손주 녀석들
깔깔깔 호호호
웃음꽃이 피어나는 우리 집
행복 넘치는 사랑의 보금자리

# 손주바보 · 6

—애어른

이민 간 아들네가
고국방문을 마치고 떠나던 날
캐나다에 도착하면 읽어보라고
큰손녀 주머니에 찔러 넣어 준 할애비 편지를
캐나다에 가서도
(눈물이 날까봐) 못 읽겠다고 한다더니
오늘은
하늘에 날아가는 비행기를 보며
눈물을 글썽거렸다네요
일곱 살 어린 마음속에
다 큰 어른 생각이 들어있을 줄이야
생각할수록
마음이 짠한 밤입니다

# 자식이 뭐길래

도대체
자식이 뭐길래
한 사나흘 목소리를 못 들으면
어찌들 잘 지내고 있을까
공연히 걱정을 하게 되고
두어 서너 주 얼굴을 못 보게 되면
어디 아프지는 않을까
괜스레 속을 태우다가도
자식이란 그저 울타리일 뿐
곁에 없어도 든든한 마음 하나라
저마다
가정을 이루고 살다보면
집안 살림하랴
새끼들 치다꺼리 하랴
언제 부모 생각할 겨를이 있으랴
백분 이해를 하며
오늘도 그저
저희들 무탈하기만 빌고 또 빈다

# 장한별에게

하늘님이 주신 선물
장한별
네가 태어난 오늘은
한국 사람 최초로 우주여행을 떠난
아주 뜻깊은 날이라
우린 너를 별이라고,
별 중에서도
제일 크고 자랑스러운
장 한 별이라 부르기로 했다

우리 한별이
하느님의 전망 안에서
건강하고 예쁘게
어서어서 자라서
모든 사람이 다 칭송하고 우러르는
그런 장한별이 되기를
온 가족이 두 손 모아 빌고 또 빈다

—2008년 4월 8일

# 장새별에게

우리 장씨 집안에 태어난 것을
진심으로 환영한다
비록
네가 태어난 곳은 캐나다 땅이지만
네 조국은 태평양 건너
본디
천성이 착하고 부지런하며
머리가 뛰어나
세계인의 주목을 받고 있는 바로 KOREA란다
우리 새별이
건강하게 자라서
어서어서 자라서
코리아의 새 별로
그 빛을 세계만방에 떨치기를
우리 모두
두 손 모아 빌고 또 빈다

—2010년 3월 2일

# 장빛나에게

하늘님께서
밤하늘 별 중에서 가장 빛나는 별을
우리에게 보내주셨구나
네가 태어난 곳은 캐나다 땅이지만
네 핏속에는
KOREAN의 피가 흐르고 있음을
늘 마음에 품고
네 할머니와 할아버지의 나라
KOREA를
잠시도 잊지 말고
건강하게 자라서
장씨 가문의 대를 이어나가기를
바라는 마음 간절하다

—2017년 9월 22일

# 아기 도우미

목욕시키고
함께 낮잠 자고
눈 뜨기가 무섭게
블럭 쌓기에
소꿉놀이
소꿉놀이가 싫증나면
동화책 읽기에 숨바꼭질
두 살짜리 손녀를
그림자처럼 따라다니며 놀기가
어찌나 대간한지
어깨 팔 다리
안 아픈 데가 없지만
손녀 재롱에
하루해가 짧기만 하다

## 핏줄

오래간만에 만나는 손녀가
할머니와 할아버지를 보고
낯설어 하지는 않을까 걱정했는데
'하버지 안아 줘'
두 팔을 벌리고
와락 내게로 달려든다

화상전화 덕분일까
전혀 낯설어하지 않는 손녀를
품에 안으니
눈시울이 뜨거워진다
멀리 떨어져 있었어도
보이지 않는 끈
이것이 바로 핏줄이 아닐까

# 고집쟁이 우리 아가

우리 아가 고집은
황소고집
엄마 아빠도 못 말리는
왕 고집쟁이
하지만
할머니가 입속에 사탕 한 알
쏙 넣어주면
이내 스르르 녹아버리는
우리 아가 고집은
솜사탕 고집

# 흉내

담배 피는 아빠 보고 자라는 아이
빨대 물고도 뻐끔뻐끔
담배 피는 시늉을 하지만
책 읽는 아빠 보고 자라는 아이
신문 거꾸로 들고도 종알종알
글 읽는 시늉을 하네

술 마시는 아빠 보고 자라는 아이
물잔을 들고도 '짠' 하자며
잔을 내밀지만
기도하는 아빠 보고 자라는 아이
식탁에 앉자마자 두 손 모으고
기도하는 시늉을 하네

# 날아가고 싶다

너희가 태평양 건너
아득한 곳에 있어도
그 목소리 다 들을 수 있고
그 모습
다 볼 수 있기에
아무리 보고 싶어도
참을 수 있지만
곁에서
등 두드리며 격려해 주고
껴안고 보듬을 수가 없어서
당장이라도
날아가고 싶다
너희들에게

# 마음 부자

비우니 채워졌다
파란 하늘이
내려놓으니 가벼워졌다
깃털처럼
멀리 떨어지니 보였다
너의 마음이
왜 진작 몰랐을까
모든 걸 다 버리니
비로소
마음이 부자인 걸

# 내로남불

명절마다
온 가족이 콘도에 모여
차례를 올리는 것이 새로운 풍속이 되어간다는
TV 뉴스를 들으며
세상에 별 쌍놈들도 있다고
세상이 말세라고 개탄하던 내가
멀리 하와이까지 와서
설 차례를 지낼 줄이야
파인애플과 바나나에
떡국을 끓여먹고
와이키키해변 야자나무 그늘에
돗자리를 펴고 앉아
손주 녀석들의 세배를 받는다

세상에 제 허물은 모르면서
남 흉볼 게 아님을 이제야 깨닫다니

# 화상통화

어데 살던
살붙이가 그립기는 마찬가지
가까이 있는 자식들도
저 살기가 바쁘니
무슨 특별한 날에나
삐죽 얼굴을 내밀면 그뿐이라
태평양 건너 멀리 있는 손주들
품에 안을 수는 없어도
아침저녁 얼굴 마주보며
목소리를 들을 수 있으니
그저 과학문명에 감사 또 감사

## 인터넷 세상
—보약이 따로 없거늘

인터넷 강국답게
날마다 밀려드는 건강정보
식초콩이 좋다
양파와인이 좋다
흑마늘을 먹어라
꿀마늘을 먹어라
예전에는 거들떠보지도 않던
환삼덩굴차나 개똥쑥차까지
도무지 누구 말을 믿고
어느 장단에 춤을 춰야 할지
옛부터
한국 사람은 밥심으로 산다고
그저 하루 세 끼 밥만 잘 먹으면
보약이 따로 없다고 했거늘

# 3
# 밥상머리

## 밥상머리 · 1

설날 아침
이민 간 아들네와
인터넷 영상을 통해 세배를 받고
인터넷 뱅킹으로
세뱃돈을 보내고 나서
달랑
두 늙은이 마주앉은 밥상머리는
찬바람만 휑하다
밥을 뜨는 둥 마는 둥
젓가락만 깨작거릴 뿐
새끼들 없는 밥상머리는
오늘도
묵언수행 중이다

## 밥상머리 · 2

두 늙은이만
마주앉은 밥상머리는
산해진미를 차려놓아도
밥맛은 소태맛에
적막강산
언제나 벙어리 밥상이었는데
아들 손주 며느리
빙 둘러앉은 밥상머리는
진수성찬은 아니어도
밥맛은 꿀맛에
시끌벅적
날마다 웃음꽃이 피어난다

# 밥상머리 · 3

아들 손주 며느리
다 빠져나간 밥상머리는
휑뎅그렁하니
찬바람만 인다

'아버님 아침진지 드세요'
며느리의 목소리가 귓가에 맴돌고
금방이라도 손주들이
방문을 밀고 들어설 듯
자꾸만 눈앞에 아른거린다

두 늙은이 잘도 버텨온 평상심에
돌을 던져놓고
아들 손주 며느리
다 떠나버린 밥상머리는
또다시 쌩
찬바람만 인다

# 밥상머리 · 4

오늘도
떠놓은 밥이야 식든 말든
밥상머리에 앉은 두 늙은이는
스마트폰만 들여다보며 침묵 중이다
떠놓은 국이야 식든 말든
밥상머리에 앉은 두 늙은이는
해가 중천이 되도록
여전히 손바닥만 들여다보며 묵념 중이다
잠이 깨기가 무섭게 틀어대던 텔레비전 대신
이제는 자나 깨나 앉으나 서나
마누라나 영감 없어도
스마트폰만 있으면
만사 오케이

# 나는 괜찮다

가난한 나라에서 태어나
별별 일 다 겪고 살아온 내가
죽기 전에
이리 좋은 세상이 오리라고
꿈이나 꿔봤겠느냐만
나라가
잿더미에서 기적처럼 꽃을 피워
이제 살만하게 되니
위정자들뿐만 아니라 노동자들까지
다 제 밥그릇이나 챙기느라고
날마다 쌈질이나 일삼고 있으니
이 나라의 앞날이 암담하기만 하구나
나야 살만큼 살았으니
나라가 망하던 어찌됐던
못된 것
안 보고 안 듣고 살면 그만이니
나는 괜찮다만
자식들의 앞날이 걱정이로구나

# 아들바보 · 1

딸 둘을 얻고도
아들이 하나 있었으면 하는 나의 눈치에
딸딸이 엄마가 비록 딸딸딸 엄마가 되더라도
아들을 낳을 때까지 아이를 갖겠다는
마누라의 오기 하나로 태어난,
평생 옆에 두고두고 보고 싶을 그 아들이
처자를 데리고 태평양을 건너갔으니
눈에 진물이 날 법도 한데
정작 닥치고 보니 무덤덤한 이 마음
세월이 약이란 말이
헛말이 아니었나 봅니다

# 아들바보 · 2

아들을 낳을 때까지
아이를 갖겠다는 오기 하나로 얻은 아들이
장가들어 딸 둘을 얻고 나서
그만 단산을 선언하자
그 아들며느리 손을 들어준 마누라가
날더러
아들며느리 앞에서는
손자 애기는 입도 뻥긋하지 말란다

그렇게도 아들을 소원했던 마누라가
아들을 낳아 키워보니
별것도 아님을 이제야 터득했는가
장씨 대(代)야 끊어지든 말든
제삿밥이야 얻어먹든 말든
죽으면 다 그만이라면서
나만 입을 꼭 다물고 지내란다
무조건 나만

## 아들바보 · 3

뉘집이고 아들은
어려서나 내 자식이지
여자 친구가 생기면 남이 되고
장가를 들면 동포
그 아들이 자식까지 생기면
해외동포일 뿐이라고 세상 사람들이 말하지만
내 아들이 장가를 들어
처자식을 데리고 태평양을 건너가
정작 해외동포가 되었지만
내 아들은 절대로 그럴 애가 아니라고
머리를 절레절레 내두르며
오늘도 나는
전화통 곁을 맴돕니다

# 아들바보 · 4

이민간 아들에게서
캐나다 정부로부터
이민 허락이 떨어졌다는 전화가 왔다
엉겁결에
'고대하던 일이니 참 잘 됐다' 고,
'많이 축하한다' 짧게 답하고
전화를 끊고 나니
연성
두 방망이질 치는 가슴을 억누를 수가 없다

이제는 내가 죽으면
제삿밥은 커녕 내 무덤에 찾아와
쓴 소주 한 잔 부어줄 아들이
정작 해외동포가 되었으니
무덤인들 무슨 소용이 있으랴
이제는 집도 절도 다 필요 없게 되었으니
차라리 나는 죽으면
한 점 구름이나 되어야겠다
태평양을 마음대로 오가는

# 엄마 생각 · 1

옛날에 내가 그랬듯이
아들이 밤마다 제 아이에게
동화책을 읽어주며
토닥토닥
잠을 재웁니다

울 엄마도 밤마다
내게 옛날이야기를 들려주며
잠을 재워 주셨다는데
지금은 그때 생각
하나도 나지 않습니다

아들도 그때 생각
하나도 나지 않을까요
저를 꽃보다 더 귀히 여겼던
엄마 생각
하나도 나지 않을까요

세월이 저만치 더 흘러가면

## 엄마 생각 · 2

동글납작하게
애호박을 썰어
가을 햇볕에 내어 널다
무심코 하늘을 보니
비행기가 한가로이 떠갑니다
언제까지나
내 곁에 계실 줄로 믿고
'나중에 나중에'
하루하루 미루기만 하다가
그만 당신 생전에
비행기 한 번
못 태워드린 죄책감에
오늘도 마구 가슴만 칩니다

# 사랑

세상에
쉽지 않은 게 무슨 사랑이고
아리지도 않은 게 또 무슨 사랑이랴
담금질할수록
더 단단해지는 무쇠처럼
이런저런 아픔 속에서
사랑도 그렇게 영글어가는 법
슬플수록 커지는 게 사랑이고
아플수록 단단해지는 게 사랑이 아니더냐

# 아버지 · 1

당신은
아무리 거센 비바람이 불어도
끄떡없이
마을을 지키고 서 있는
동구 밖 큰 당산나무

당신은
아무리 세찬 눈보라 몰아쳐도
변함없이
마을을 지키고 누워 있는
뒷산 큰 바위 얼굴

또한 당신은
크고 작은 냇물을 다 아우르며
소리없이
서해로 흘러가는 큰 강물

아, 그러나 나는
가는 바람에도 흔들리는 갈대

무심코 스쳐지나 갈 소리에도
붉으락푸르락 얼굴 붉히며

비가 그치고 나면
이내 그 속을 드러내고야 마는
아, 나는
한낱 실개울일 뿐입니다

# 아버지 · 2

내 어릴 적 아버지는
'잘했구나.' 라는 한 마디 말 밖에는
기뻐도 껄껄껄 웃으시거나
슬퍼도 소리 내어 울지 않는 사람이
아버지라고 생각했습니다
하지만
내가 아버지가 되어서야 알았습니다
기쁨도 슬픔도 그냥
혼자서
다 삼켜야 하는 게
아버지라는 것을
'참 잘했다'는 한마디 말 말고는

# 요즈음 시어머니들

모아놓은 재산을
아들 입에 다 털어 넣고
늘그막에
돈 한 푼 손에 쥔 것 없이
아들네 얹혀살면서
며느리 눈치나 살피는
요즈음 시어머니들
잔소리는커녕
할 말도 제대로 못하고
며느리
며 자(字) 소리만 들어도
온몸이 저리고
밥상에 멸치볶음이 올라와도
젓가락질이 망설여지고
나오는 게 한숨뿐이랍니다

# 요즈음 시아버지들

요즈음은
뉘집 며느리치고
시월드 좋다는 사람 하나도 없다며
아들네 집을 며느리네 집이라고 부르고
전화가 먼저 걸려오기 전에는
아들네 집에 마음대로 전화도 못한다지만
내가 낳은 내 아들네 집에
내 맘대로 왜 전화를 못할까
내 손주들 목소리가 듣고 싶을 때마다
나는 당당히 전화기를 든다
우리 며느리는 여느 며느리들과는
사뭇 다르다며
시도 때도 없이 전화기를 든다

# 있을 때 잘 하세요

없으면 하루도 못 살 것 같던 남편이
늙어가면서
함께 있으면 웬수 덩어리
그렇다고
집에 두고 나오면 근심 덩어리요
밖에 데리고 나오면 짐 덩어리라
이래저래 애물 덩어리라지만
그나마 있다 없으면
그 허전함을 누가 채워주고
가려운 등은 또 누가 긁어주랴
여편들이여
괜한 투정부리지 말고
제발
있을 때 잘 하세요

## 건망증

아직은
손에 든 물건을 찾으러
이 방 저 방 돌아다닐 정도는 아니지만
밖에서 들어오자마자
손을 씻었는지 안 씻었는지 헷갈려서
다시 손을 씻으러 간다거나
식사 후 양치질을 했는지 안 했는지
헷갈려 하는 나의 건망증이
위험수준을 넘은지 오래다
이제는
아예 기억력마저 가물가물
노상 듣던 이름도
영 생각나지 않을 때가 허다하다
세검정 너머
마누라의 친구가 사는 동네 이름이라든지
TV를 보다가
목소리가 솜사탕처럼 부드러운 탤런트의 이름이
금방 떠오르지 않을 때
이게 바로 치매가 아닐까

갑자기 밀려드는 두려움에
잠을 이룰 수가 없다

# 말

'발 없는 말이 천리 간다' 고
말에 무게를 달아놓으면
입에서 가볍게 튀어나오지 않고
오래 담아 놓을수록 무르익어서
달디 단 말이 나오는 법
말을 함부로 내뱉지 말고
밥을 곱씹어 먹듯이
말도 씹고 씹어
신중을 다한다면
말로써 말 많은 세상도
참 평화로울 텐데

# 부산 친구

젊어서는 산이 좋아
금정산 아래에서
산 같은 푸근한 마음으로
이웃을 다
품고 살더니
늙어서는 바다가 좋아
달맞이 언덕에서
바다 같은 너른 마음으로
이웃을 다
아우르며 사는
부산 친구 부부가
마냥 부럽다

# 4

# 늙어가면서

# 늙어가면서 · 1

늙어가면서
마누라 비위 건드려 봐야
핀잔이나 안 들으면 천만다행
늘어나는 마누라 잔소리에
참다 못 해 던진 한마디가
백배 천배 폭탄이 되어 날아와도
하루 세 끼 밥이나 제대로 얻어먹으려면
그저
'참는 자에게 복이 있나니'
첫째도 둘째도
입을 봉하고 살아갈 일입니다

## 늙어가면서 · 2

남들 다 다니는
해외여행 한 번 다녀오자는 마누라에게
해외여행은 무슨 얼어죽을
내 나라 여행도 제대로 못한 놈이
그럴 돈 있으면
성당 건축헌금이나 내자고 했다가
마누라로부터
별별 소리 다 듣고
'깨개갱'
괜스레 잠자는 사자 건드려 놓고
그만
숨도 제대로 못 쉬고 지내는
나는 쪼다 병신 머저리

# 늙어가면서 · 3

늙어가며
입은 다물고
주머니는 열라는 말이 옳다는 것
백 번도 더 이해가 되지만
제 새끼 귀하다고
오냐오냐 끌어안다보면
자식 농사 그르치기 쉽습니다
일 년 농사야 망치면
다음 해를 기약할 수 있지만
한 번 그르친 자식농사
고쳐 지을 수가 있을까요
'매를 아끼면 자식을 버린다'는 말
가슴 깊이 새겨둘 일입니다

# 늙어가면서 · 4

늙어가면서
젊은이들 버르장머리 고치겠다고
이래저래 간섭하여
욕이나 안 먹으면 다행이지
못된 짓 보고 그냥 지나칠 수 없어
참다 참다 못해 던진 한마디가
칼이 되어 날아와도
그냥 한탄만 하고 있어야 할까요
이 나라의 부모들은 다
어디서 무얼 하고 있기에
우리 아이들이 다
저 모양 저 꼴이 되었을까요
나오느니 한숨뿐입니다

# 늙어가면서 · 5

설령
눈에 거슬리는 꼴 보더라도
그러려니 하고 살자
요즘 세상에
늙은이 훈계 들어줄 사람 어데 있으랴
그럴 수도 있겠구나 하고
눈 감고 지나가세 그려

설령
귀에 거슬리는 소리 듣더라도
그러려니 하고 살자
요즘 세상에
늙은이 잔소리 좋아할 사람 어데 있으랴
그럴 수도 있겠구나 하고
귀 막고 지나가세 그려

요즘은
늙은이들의 지혜가 없어도
인터넷에 들어가면

다 해결되는 세상이라
괜히 좀 안다고
젊은이들 가르치려 들지 말고
내 몸이나 챙기며
그저 그러려니 하고
없는 듯 살아가세 그려

# 마누라의 잔소리 · 1

아내는 가끔
자기가 마치 예수라도 되는 것처럼
착각할 때가 있다
내가 외출할 때마다
'참는 자' 에게 복이 있나니
눈에 거스른 것을 보더라도
못 본 체 눈을 감고
귀에 거스른 소리를 들어도
못 들은 체 귀를 막고 살란다
집 밖에서나
집 안에서나
잔소리 듣기 좋아할 사람도 없으니
입마저 봉하고 살란다
눈 감고, 귀 막고 입까지 봉하면
산송장이 따로 없을 터
그러고 사느니
차라리 혀를 깨물고 죽는 게 나으리다

## 마누라의 잔소리 · 2
—여행을 떠나며

뭐니뭐니 해도 건강이 제일이니
세 끼 밥 잘 챙겨먹고
영양제 먹는 거 잊지 말고
무엇보다
빙판길에 넘어져
골절이라도 당하면 큰 낭패이니
걸어다닐 때
각별히 조심하고
늙어가며
몸 냄새 나면 손주들도 질색할 터이니
식사 후 양치질 빼먹지 말고
자기 전에 샤워
샤워 후엔 속옷 갈아입는 거 잊지 말고……
끊임없이 이어지는 아내의 잔소리에
그저 함구무언일 뿐입니다

# 마누라의 잔소리 · 3

점점 늘어나는
마누라의 잔소리에
기선을 잡으려고
맞불작전을 펴려다가
되레 화만 불러올 뿐
득될 게 하나 없으니
그저 그러려니 하고 살아갑시다

점점 커져가는
마누라의 목소리에
기를 꺾어 놓으려다
되레 화만 키울 뿐
득이 될 게 하나 없으니
그저 그러려니 하고 살아갑시다
가정의 평화를 위하여

# 마누라의 잔소리 · 4

맑은 날은 맑은 날대로
흐린 날은 흐린 날대로
다 그러려니 하고 살아갈 일입니다
날마다 늘어나는 마누라의 잔소리
남들도 다 그저 그러려니 하고
살아가야지
그 잔소리마다
번번히 날 세우고 산다면
하루인들 어찌 편히 지내랴
늙어가며 그저
다 그러려니 하고 살아갈 일입니다

## 마누라의 잔소리 · 5

늙어가며 마누라 성질 긁어봐야
얻을 게 뭐 있으랴
찬밥이라도 세 끼 얻어먹으려면
무조건 '예, 예' 하며
납작 엎드려 지내는 게 상책
어줍잖게 서지도 않는 자존심 세우려다
쪽박이라도 차게 되면
밥과 빨래야 기구에 맡긴다 해도
가려운 등은 누가 긁어주랴
무조건 '합' 합죽이가 되어
입 다물고 살아갈 일입니다
가정의 평화를 위하여

## 당부 · 1

——아내에게

설령 내가
한 번 한 말을 되풀이 한다거나
점점 잔소리가 늘어가는 것이
자연현상이려니 생각지 말고
또 설령 내가
말이 어눌해지거나
말귀가 어두워지거나
굼뜬 행동을 하더라도
다 자연현상이려니 생각지 말고
더구나 내가
얼토당토않은 고집을 부리거나
생뚱맞은 행동을 하거든
지체 말고 나를 의사에게 데려가 주오
가서 혹시 고칠 병이면 몰라도
억지로 목숨을 연명하려고 하지 말고
혹시 내게
알츠하이머 진단이 떨어지면
당장 나를 전문병원에 집어넣고
나와의 인연은 거기까지라 여기고
더 이상 궁금해 하거나 측은해 하지 말고
더 이상 찾아오지도 말게나

## 당부 · 2
—아내에게

나의 죽음을 남들에게 알리지 말라는 것은
내가 좋은 날을 골라잡아 떠날 수 있는 것도 아니고
날씨가 고약하게 춥거나 삼복더위 중이라면
찾아오는 사람들이나
그들을 맞이하는 식구들이나
곤욕을 치르기는 마찬가지라
내 장례는 그저 성당 연령회에 맡겨주고
당장 날아올 수 없는 아들에게는
나의 죽음을 절대로 알리지 마시오
멀리서 고생고생 찾아온다 한들
금방 돌아서서 가야 할 사람들
발걸음만 무거울 뿐
다 무슨 소용이 있겠는가
내가 한 점 구름이 되어
태평양 바다를 훨훨 날아서 가리다

## 당부 · 3
——가족들에게

성인 남성 세 명 중 한 명은
암으로 죽어간다는데
나라고 어찌 그 고약한 병을 피해갈 수 있겠는가
이제 죽음도 두렵지 않을 나이에 이르렀으니
혹시 그 무서운 병이 내게 찾아온들
달리 피하거나 미워하거나 원망도 하지 않고
그와 함께 살아가리라
하지만
내가 식구들조차 알아보지 못하는
치매가 찾아온다면
그날로 내 인생은 끝이라 여기고
슬퍼하거나 불효라 여기지도 말고
날 전문 요양병원으로 보내거라
제 식구도 못 알아보는 놈
애써 찾아올 필요 없이
나중에 내가 세상 떠났다고 기별이 가면
그때나 와서 내 몸뚱이를 화장하여
용인 부모님 곁에 묻어다오

# 늦은 후회

태평양 건너 멀리멀리
이상향을 찾아 떠나겠다는
아들네 식구들을
가지 말라고 매달릴 생각보다
'그래 잘 생각했다'
배운 자일수록
참과 거짓을 구분 못하고
가진 자일수록
부정부패의 혼돈 속에 빠져 있는
이 나라를 어서 떠나
너희들만이라도
그 복지의 나라에 가서
새 꿈을 마음껏 펼치고 살라고
왜 등 떠밀어 보냈을까

돌아서서 후회한들
이미 떠나버린 비행기를 어찌 잡으랴

# 캐나다 여행 중에 · 1

——여객기 안에서

인천공항을 이륙한 비행기가
밴쿠버 공항에 착륙할 때까지
밀폐된 공간 안에서
우리는 모두 어쩔 수 없이
한 비행기를 탄 공동운명체
서로가 뭐라 말은 안 해도
눈빛만 보아도
팽팽한 긴장감이 역역하다

요란한 엔진소리가 되레
무사히 비행 중임을 알리는 위로가 될 뿐
모든 신경은 곤두설 대로 곤두서서
동체가 조금만 요동을 쳐도
가슴은 마구 두 방망이질
서로가 뭐라 말은 안 해도
모두의 속마음은 한결같이
'하느님, 저희를 지켜주소서'

## 캐나다 여행 중에 · 2
——행방이 묘연한 수하물

캘거리 공항까지
따라왔어야 할 수하물 네 개 중 하나가
그 행방이 묘연하다
항공사에 신고는 하고 들어왔지만
사흘이 지나도
추적 중이란 성의 없는 답변 뿐
도무지 오리무중
최종 분실처리가 되면
보험혜택이 가능하다고는 하지만
캐나다에서는
돈을 주고도 살 수 없는
청양 고춧가루며
마른 멸치와 새우, 표고버섯
명태와 다시마를 함께 갈아 만든
천연조미료 하며 매실액과
무엇보다
정성들여 만든 청국장이
행여 부패라도 되면
어쩔거나
그 고약한 냄새가 원자폭탄을 능가할 텐데

# 캐나다 여행 중에 · 3
—그게 아니었습니다

여행도 한때
늙어 힘없으면
모든 게 다 그림의 떡이라고
누누이 들어온 말이지만
그까짓 노는 일이 뭐가 그리 대간할까
차 타고 돌아다니며
좋은 경치 보고
맛난 것 사 먹으며 노는 게
뭐가 그리 힘이 들까 했는데
이놈의 나라는
쇼핑몰 하나도 어찌나 큰지
걷다걷다 그만 지쳐 주저앉고 말았습니다
돈만 벌면
돈만 있으면
밤하늘의 별도 달도 다 딸 줄 알았는데
이제와 보니
그게 아니었습니다

## 캐나다 여행 중에 · 4

——행복한 귀머거리

영어를 조금 읽고 쓸 줄은 알아도
말을 알아들을 줄을 모르니
온종일
귀머거리 타국생활이지만
그래도 나는 행복합니다

눈만 뜨면 듣기 싫어도
누가 누구에게
돈뭉치를 얼마 건네고
국회의사당 안에서는
서로 치고받고 주먹질에
명패가 날아가고
기물을 때려 부수고
상스럽지 못한 꼴이나 보고 듣던 한국보다
차라리
귀머거리로 사는 타국생활이
더 행복합니다

# 캐나다 여행 중에 · 5

—레이크 루이스에서

내가 가본 적이 없으니
그곳이 어찌 생겼을지
알 수 없지만
천국이 있다면
바로 여기가 아닐까
저 하늘과
저 산과 호수
'와' 하고 터진 외마디 함성뿐
다른 말로는 뭐라 표현할 수가 없으니
열일 제쳐놓고
그냥 한 번 다녀오라고
말할 수밖에

# 캐나다 여행 중에 · 6
—예의 바른 캐나디언들

눈만 뜨면
'Thank you' 와 'Sorry' 를
입에 달고 다니며
생면부지 이방인과 마주쳐도
그냥 지나는 법이 없이
손을 흔들며 반갑게 인사를 하는
동방예의지국에서 온 나보다 더
백배 천배 예의 바른 사람들
툭하면 웃통을 벗어제치는
못된 버르장머리도
알고 보니
공짜로 비타민 D를 얻기 위한
현명한 건강다지기라니
무례하다 탓할 것도 아니었습니다

## 캐나다 여행 중에 · 7
—고향 생각

푸른 숲과
눈 덮인 록키(Rocky Mountains)를 바라보며
봄여름은 천국이 따로 없더니
누렇게 변해가는 잔디밭을 보니
황금물결 넘실대던
고국 들녘이 그립고
노오란 자작나무숲을 바라보고 있노라니
울긋불긋 단풍이 곱게 든
고향 산천이 그리워지네
록키에 취하여
고국도 잊고 잘도 살았는데
고향 생각이 간절해지는 것이
이제는 돌아갈 때가 되었나보다
태평양 건너
나의 조국 대한민국으로

| 해설 |

# 안 가본 길, 그 꽃길 앞에서

# 안 가본 길, 그 꽃길 앞에서

정재찬

(한양대학교 국어교육과 교수)

장윤태 시인의 제6시집 『안 가본 길』을 나는 매우 사적인 방식으로 읽었다. 이는 나와 시인과의 특수한 관계에 기인한다. 시인은 나의 중학교 은사이시다. 서울 정릉에 자리 잡은 그 학교는 그 당시 보기 드문 남녀공학인 데다가 비교적 환경이 좋았던 신생 학교여서 실력파 젊은 선생님들의 열정이 넘쳐났고 사제지간이 도타웠다. 특히 선생님은 졸업한 다음에도 제자들을 각별히 챙기시는 분이어서 그 덕에 우리는 다른 중학교는 상상할 수도 없는 동문회를 일찍이 결성하여 지금껏 선후배 간의 정을 이어가고 있다. 한 마디로, 선생님은 제자를, 사람을 무척 사랑하시고, 정에 약하신 분이다.

예나 제나 학생들의 선생님 별명 붙이기에 악의나 비하의 뜻은 없으렸다. 학창 시절, 우리는 선생님을 감히 '장끈대'라 불렀다. 선생님의 함자와 은근히 운율도 맞고, 껑충하신 키에 마른 몸매와도 어딘지 어울리며, 큰 눈을 꿈뻑이시며 꼬장꼬장하게 잔소리하실 때면 정말 별칭이 참 제격이다 싶었기 때문이다. 실제로 우리 눈에 비친 선생님은 중성적일 정도로 섬세하신 분이셨다. 훗날 선생님이 시인을 겸하시는 걸 알게 되었을 때, 그제야 우리는 그러면 그렇지 했을 정도니까.

그래서 나는 이번 시집 속에 담긴 저 끝없는 내리사랑과 뭉클거리게 느껴지는 정(情), 그리고 섬약할 정도로 이러저러한 걱정을 하시는 모습조차도 온전히 이해되고 자연스럽게 받아들여지기만 한다. 심지어 마누라의 잔소리 운운할 때조차 한편으로는 선생님이 참 힘드시겠구나 싶다가도 젊었을 적 사모님은 더 힘드셨을 거야 하면서 속으로 웃었다. 그런 식으로 한 작품 한 작품 넘길 때마다 그래, 우리 선생님은 이런 분이셨어 하는 기억과 회감으로 인해, 그러다가 문득 이 어른이 정녕 늙으셨구나 하는 기분이 느껴질 때마다 가슴이 울컥거려야만 했다.

그의 시는 선생의 성품을 그대로 닮았다. 나는 그것을 증언할 수 있다. 여기까지가 시인과의 특수한 사적 관계가 갖는 미덕일 터이다. 하지만 차마 이런 식으로는 서평을 쓸 수가 없다. 대상과의 거리가 이리 가까워서야 어찌 평을 할 수 있겠는가.

실은 그의 이번 시집에 실린 시편들도 매우 사적인 방식으로 존재하고 있다. 그의 말 그대로 이 시집은 "후손들에게 너희 할아버지는 이렇게 살았다는 것을 남겨주고 싶은 마음"에서 상재된 것이기 때문이다. 그러니 이 일련의 시들은 어느 할아버지의 못다 한 말, 말로 하지 않고 가슴속에 넣어둔 말, 그러나 꼭 전하고 싶었던 말들의 다른 이름으로 이해하면 된다.

그러기에 이 시들은 진솔하고, 그런 만큼 상투적이기도 하다. 무릇 오래된 인간적 진실들이 대개 그러하거늘, 그러한즉 세대가 이토록 바뀌어왔어도 늘 같은 이야기가 반복되는 것이 아니겠는

가. 바꿔 말하면 아무리 반복해 내리 전해도 그때는 깨닫지 못하는 게 우리 인생의 진실이란 것 아니겠는가. 그 안타까움, 그 아쉬움, 그 간절함이 오늘날 또 이런 시편들을 낳은 것이리라. 언젠가는 반드시 알게 될 이야기들, 그렇다고 그냥 내버려두면 할아비가 아니다. 하지만 아무리 말해도 지금은 못 알아들을 이야기들, 그렇다고 언어를 포기하면 시인이 아니다.

문제는 그 할아비로서의 길과 시인으로서의 길이 늘 행복하게 만나주지는 않는다는 데 있다. 시도 일종의 발화인 이상, 발화의 대상과 목적을 고려해야 하는 터, 그가 상정한 시의 독자와 내포 청자가 아들 또는 손주라면, 시적 발화 역시 그들의 눈높이에 맞게 이루어지는 게 마땅하다. 하지만 투명함과 진솔함이 시의 모든 미덕은 아니기 때문에 그 길로 가면 시인으로서는 개성의 상실이랄까 심미적 장치의 포기랄까 이러저러한 상처를 각오해야만 하는 셈이 되는 것이다.

허나 그의 시에서는 그러한 긴장과 갈등이 느껴지지 않는다. 마치 그런 것은 기우라도 된다는 듯이 그는 거침이 없다. 손주도 알아들을 말로 진실을 꾸밈없이 단순하게, 복잡한 기교 없이 간명하게, 에두름이나 모호함 없이 투명하게 전할 따름이다. 노시인으로서, 할아비로서, 그는 그저 행복하다. 이유는 간단하다. 기꺼이 바보가 되는 길을 택했으니까. 그 길이 「손주바보」, 「아들바보」의 연작이 나온 자리이다.

손주 녀석들이 오면 반갑지만
가면 더 반갑다는 말은 괜한 소리

알토란같은 새끼들
보고 또 봐도 돌아서면
금방 또 보고 싶어지는 마음

함께 모여
지지고 볶을 때는 몰랐는데
훌훌 다들 떠나고 나니
올망졸망 그 모습들 눈에 선하고
조잘대던 그 목소리들 귓가에 맴돈다

새끼들은 알까 모를까
멀리 있으나 가까이 있으나
보고 또 봐도 돌아서면
금방 또 보고 싶은
이 할애비의 마음을

—「손주바보·3」

어르신들 속설에 따르면, 손주는 오면 와서 좋고, 가면 가서 좋단다. 거기에 슬쩍 농을 더 붙이면 이 시의 서두처럼 오면 반갑고 가면 더 반가운 존재가 손주다. 하지만 시인은 괜한 신소리라며 정색한다. 보고 또 봐도 돌아서면 금방 또 보고 싶은 게 할아비의 마음이라며 이 노시인은 손주들을 눈에 넣지 못해 안달인 게다. 그러니 '멀리 있으나 가까이 있으나' 손주 바보의 그 마음이 달라질 리는 없다. 하지만 이때 그 말은 그냥 쓰인 관용구가 아니다.

손주들은 정말 멀리 있기 때문이다.

캐나다 손주들이 눈에 밟혀/ 태평양을 건너갔더니/ 가자마자/ 한국에 두고 온 손주들 생각에/ 새벽잠을 이룰 수가 없네/ (중략)/ 내 마지막 날/ 어찌 그 정들을 다 떼어버리고/ 홀로 떠날 수가 있을까/ 그것이 문제로다 (「손주바보·4」)

태평양을 사이에 두고 고국의 손주와 이국의 손주 생각에 잠을 이룰 수가 없다. 정 때문에 살고 정 때문에 못 살겠다는 것이 이를 두고 하는 말일까. 어찌 이 정을 떼고 홀로 떠날 수 있을까. 떠날 자신을 생각해도 남을 이들을 생각해도 못할 짓이다. 그러니 햄릿처럼 고뇌가 밀려들고 새벽잠을 못 이루는 게다.

그의 이러한 손주 사랑은 내력이 깊어 뵌다. 물론 손주 바보라 해서 꼭 아들 바보인 것은 아니다. 아비로서와 할아비로서의 사랑은 다를 수 있다. 하지만 아들 바보는 거의 손주 바보라 해도 틀림이 없다. 그는 아들 바보였다. 그것도 아주 귀한 아들 바보였다.

딸 둘을 얻고도
아들이 하나 있었으면 하는 나의 눈치에
딸딸이 엄마가 비록 딸딸딸 엄마가 되더라도
아들을 낳을 때까지 아이를 갖겠다는
마누라의 오기 하나로 태어난,
평생 옆에 두고두고 보고 싶을 그 아들이
처자를 데리고 태평양을 건너갔으니

눈에 진물이 날 법도 한데
정작 닥치고 보니 무덤덤한 이 마음
세월이 약이란 말이
헛말이 아니었나 봅니다

—「아들바보·1」

그 아들이 처자를 데리고 태평양을 건너갔다. 쉬운 결정이었을 리 없다. 피붙이와의 헤어짐 앞에서 아들 바보, 손주 바보의 원망도 적지 않았으리라. 손주는 잘못이 없다. 탓할 것이 없다. 하지만 아들은 다르다. 탓하고 싶었을 것이다. 그러나 아비가 그러면 안 된다. 아비의 마음은 늘 '오죽하면' 같은 단어 하나로 아들을 이해해 주어야 하기 때문이다. 시인은 오히려 아들의 등을 떠밀었다. 그래, 잘 생각했다고. "이 나라를 어서 떠나/ 너희들만이라도/ 그 복지의 나라에 가서/ 새 꿈을 마음껏 펼치고 살라고"(「늦은 후회」) 말이다.

분명히 그랬을 것이다. 아들의 행복이 내 행복이니까. 그래서 "눈에 진물이 날 법도 한데/ 정작 닥치고 보니 무덤덤한 이 마음/ 세월이 약이란 말이/ 헛말이 아니었나 봅니다."라며 애써 자위도 해 보았을 것이다. 하지만 그것도 잠시뿐, 이내 아쉽고 안타깝기 짝이 없었을 것이다. 그러기에 다른 자리에서는 "내 아들은 절대로 그럴 애가 아니라고/ 머리를 절레절레 내두르며/ 오늘도 나는/ 전화통 곁을 맴돕니다."(「아들바보·3」)라고 마침내 고백하는 것이다.

서운해 하는 마음을 아들에게 들키기도 싫고, 그렇다고 애써 의

연한 척 위장하기도 싫을 때, 그는 아마도 이렇게 시를 쓰면서 스스로를 다독였을 것이다. 시는 가장 진솔한 고백인 동시에, 대놓고 모든 사연 늘어놓지 않는, 함축과 생략의 미덕을 갖고 있기에, 그로서는 시보다 친근하고 믿음직한 대나무 숲이 달리 없었을 터이다. 가슴 답답할 때면, 소리치고 싶을 때면, 그는 이 대나무 숲으로 달려와, 때로는 태평양 너머까지 들릴만한 목소리로 외쳐대고, 때로는 한 이불 속 마누라도 알아채지 못하게 흐느꼈을지 모른다.

노년의 원숙미와 초연함이 거저 얻어지는 것은 아니다. 그래서 시집의 후반부에 이를수록 그는 빌고 또 빈다. 그리고 그 기도는 자신에 대한 각오요, 다짐이 된다. 별다른 기교도 구사하지 않고, 그저 평범한 일상어로 일관해 온 이번 시집에서 시어의 구사가 유난히 도드라져 보이는 아래 시가 '새해 아침'의 다짐이요, 결심인 것은 결코 우연이 아니다. 그만큼 공들인 새해 첫 날의 기도인 것이다.

아직도 마음은 새파란데
나이가 들어 어쩔 수 없이
하던 일을 그만두고
아낙군수로 살아온 지도 벌써 열세 해째
뭐 그리 바쁜 일이 있다고
달음박질로 살아온 지난 한 해도 뒤돌아보니
너무 각다분하고 허둥대며 살아온 것 같아
많이 부끄럽습니다

새해에는
좀 더 거늑한 마음으로
좀 더 때를 느루 쓰며
비록 마음먹은 게 오래가지 못할지언정
애오라지 글쓰기에만
힘을 다 하겠습니다
새해 아침
사랑하는 마음을 바구니 가득
안다미로 담아드리며
늘 보람찬 나날 되시기를 두 손 모아 빕니다

—「새해 아침에」

왜 이제껏 그렇게 평이한 시를 썼냐고 무람없이 구는 이가 있다면, 마치 여보란듯이 쓴 시가 아니겠는가 싶을 정도로 순수한 우리말을 하나하나 고이 살려 쓴 작품이다. '아낙군수'란 늘 집 안에만 있는 사람을 이르는 말이고, '각다분하다'는 것은 힘들고 고되게 일한다는 뜻, 그런가 하면 '거늑하다'는 말은 부족함이 없어 마음이 아주 느긋하다는 뜻이고, '느루'라는 부사는 뭔가를 한꺼번에 몰아치지 아니하고 오래도록 할 때 쓰는 우리말이며, '애오라지'는 오로지를 강조한 말이요, '안다미'란 그릇에 넘치도록 많이 담는 것을 이른다. 이런 시어로 보아 그가 이 시를 위해 들인 품과 공을 짐작하노라면, 이 새해 아침의 각오가 예사롭지 않은 것이다.

어느새 일흔이 훌쩍 넘었다. 두려운 것은 늙는 것이다. 늙는 것은 두려운 일이다. 성찰도 하고, 미리 다짐도 해 보고, 준비도 해 보고, 이러저러한 당부도 해 보지만, 두려움은 쉬이 사라지지 않는다. 치매가 두렵다. 죽음이 두렵다. 치매든 죽음이든, 가 보지 않은 길, 그 어느 누구도 한 번 건너갔지 다녀와 본 적은 없는 길이기 때문이다. 그것이 시를 낳고 기도를 낳는다.

가는 길은 얼마나 멀까
꽃길일까
가시밭길일까
한 번 찾아갔던 길도
두 번 다시 찾아가려면
긴가민가 영락없이 헤매는
길치 중에 상길치인 내가
한 번 가서는
아무도 되돌아온 적이 없는 그 길을
오늘은 두수없이 혼자서 찾아나서야 한다
마누라 없이는
한 발짝도 움쩍 못 하던 내가
오늘은 혼자 찾아가서
마침내 아버지 집에 다다르면
나는 말 하리라
당신 말씀 따라 살아온 이 영혼
부디 거두어
당신 집에 머물게 해달라고
오래오래

—「안 가본 길」

일찍이 로버트 프로스트(Robert Frost)는 「가지 않은 길」을 남겼거니와 장윤태 선생님은 이렇게 「안 가본 길」을 우리에게 전하고 있다. 길치 중에 상길치인 그가 마누라 도움 없이 혼자 가야 하는 길. 외롭고 두려운 그 길. 어떻게 가야 할지, 그리로 가면 어디로 닿을지 알 수 없는 길. 그러나 그는 안다. 믿음이 가르쳐 준 길을 따라 살아온 이 영혼, 마침내 아버지 집에 다다르리란 것을. 그래서 제자인 나도 같이 기도하는 것이다. 우리 선생님 안 가 보신 그 길이, 꽃길이요, 천국길이시기를.

〈덧붙임〉

이번 시집 속 본격 시인으로서의 모습은 5부의 시편들에서 찾아볼 수 있겠다. 주로 꽃에 관한 시들이고, 특기할 일은 시마다 시인이 직접 찍은 사진이 함께 한다는 점이다. 내 기억이 맞는다면, 선생께서는 젊으실 때부터 우리 남학생들이 보기에 남자답지 않게(?) 꽃을 좋아하셨다. 예쁜 건 좋은 거고 좋은 건 선하다. 그래서 그는 꽃을 찾지만 탐하지는 않아 보인다. 길을 가고 산을 오르다 만나는 꽃에 시선을 보내고 사진으로 담아 가꿀 따름이다. 그러기에 이 시집에 등장하는 시들은 주로 봉숭아, 채송화, 개망초, 옥잠화, 목련, 매화, 동백 등 우리 들판 혹은 여행지에서 쉽게 만나볼 수 있는 꽃들을 다루고 있다. 그 면면의 일부만 더듬어보자.

시 「고불매」에 등장하는 백양사 매화는 시인이 지향하는 바의 표상이다. 세월 따라 늙어도 의연히 그 자리에 서 있는 그런 존재 말이다.

그런가 하면, 아마도 선생의 취향으로는 다소곳하며 짙지도 엷

지도 않은, 은은하고 수줍은 미소를 머금은 꽃 「옥잠화」 같은 그대가 이상형일지 모른다.

「봉숭아」는 꽃물과 약속의 이미지가 가난이 싫어 집 떠난 누이에 관한 상상력이 잘 어울려져 마음 한구석이 아려오게 만드는 작품이다. 이러한 개인 서정을 사회화하여 지나간 시대에 대한 회한과 그리움, 아울러 현 사회의 세태에 대한 비판을 은근히 함축한 작품들이 있는데, 「아우내의 봄」, 「산목련」, 「유채밭」 등이 그에 속한다.

동백만큼 시인들의 사랑을 받은 꽃도 드물다. 이 시집에는 「선운사 동백꽃」과 「동백꽃 당신」이 실려 있거니와, 둘 다 수작이다. 전자는 고전적이면서 낭만적이고, 후자는 심미적이면서 여운의 향기가 진하다.

시 읽는 맛으로는 「목련」이 단연 최고다. "신새벽/ 꽃망울 터지는 소리에/ 화들짝 놀라/ 문 열고 나가보니/ 마당 가득 목련이 하얗게 웃고 있더니/ 저녁나절/ 그 목련들은 후드득 땅에 떨어져/ 너부러지고 말았어야/ 진득이 기다렸다가/ 한봄 늘어지게 놀다 갈 것이지/ 큰 애기 가슴에/ 애꽂은 불만 질러놓고/ 후다닥 달아나는 성깔은 꼭/ 멋모르고 씹은/ 늦가을 고추맛 같아야" 읽다 보면 절로 미소가 지어지면서, 말 부리는 솜씨와 사투리 냄새가 홍취를 돋운다. 적어도 이런 시들은 가르치려 들지 않으며 시의 맛만 오롯하게 전해준다는 점에서 그가 영락없는 시인의 천품을 타고 났음을 증명해 준다. 그래서 이 못난 제자는 시인으로서의 스승이 남길 제7, 제8의 시집을 기다리는 것이다.

| 포토시화 |
꽃 이야기

고불매
눈비 바람 맞으며
버텨온
삼백오십년 세월
비록
등은 휘고
몸통은 뒤틀렸어도
백양사 고불매는
올 봄도
경내 가득
연분홍 향을 날리며
의연히
그 자리에
서 있었습니다

꽃구경
꽃이 제아무리
흐드러지게 핀들
사랑하는 사람이
곁에 없으면
다 무슨 소용이 있으랴
부모님 생전에
꽃구경 한번
못 시켜드린 죄책감에
나는 더 이상
걸어갈 수가 없네
눈부신 저 찬란한 길을
죽어도 더 이상

목련
신새벽
꽃망울 터지는 소리에
화들짝 문을 열고 나가보니
마당 가득 목련이
하얗게 웃고 있었더니
저녁나절 그 목련들은
후드득 땅에 떨어져
너부러지고 말았어야
진득이 기다렸다가
한봄 늘어지게
놀다나 갈 것이지
큰애기 가슴에
애꽃은 불만 질러놓고
후다닥 달아나는 성깔은
꼭 멋모르고 씹은
늦가을 고추맛 같아야

아우내의 봄

매봉산아래
유관순 추모각 정원에는
자목련이 횃불을 치켜들고
기미년 삼월 일일
대한독립 만세를 외쳐대던
그 날의 몸짓으로 아직도
활활 타오르고 있었지만
아우내 장터가
떠나가도록
외쳐대던
그날의 함성을
지금은
다 잊었는가
봄나들이 나온
열여섯살 계집아이들은
한나절 웃음꽃만
날리고 있었습니다
뜨락 가득
철딱서니도 없이

# 개망초

어떤 이는
개망초 하얗게 핀
텃밭을 바라보며
메밀밭보다
더 아름답다고
감탄사를 연발하지만
나는 저놈의 망초꽃
고추밭이고
들깨밭이고
무단침입하여 되레
주인행세를 하는 꼴이
하도 얄미워서
닥치는대로 뽑아눕히면
시들시들 죽어가다가도
밤 이슬을 맞고나면
또다시 목을
꼿꼿이 쳐들고 일어나
끝내 꽃을 피우고야마는
웬수놈의 꽃
차라리 나도 이제
굽은 허리를 펴고 일어나
저 개망초같은
삶이나 배워야겠다

## 산목련

어느 계절이고
한번 피었다 지는 꽃이
애처롭지 않은 게
어데 있을까만
그중에
유월에 피었다 지는 꽃이
더 애처로운 것은
조국을 위해 싸우다
처절히 산화한
젊은 넋들 때문이 아닐까
해마다 유월이 오면
깊은 산 골짜기마다
외로이 피었다가
뚝뚝 떨어져 눕는
산목련이여

## 달맞이꽃 2

그대는 더이상
외딴 길섶이나 산속에
홀로 피어
달님만 흠모하다가 그만
오므라들고야마는 그런
그리움의 꽃이 아닙니다
썩을대로 썩은
세상만큼이나
사악해져
텃밭이고
콘크리트 바닥이고
틈만 있으면
뿌리를 박고 꽃을 피우는
악의 꽃
어쩌다 대궁이 잘려나가도
일당백으로
더 많은 줄기를 내밀어
끝내
씨를 퍼뜨리고야마는
그대는
복수의 꽃입니다

## 유채밭에서 2

까르르르
계집아이들의 웃음이 자지러지는
유채밭 한가운데에서
갑자기 도져오는 어지럼증이여
너희들은
바윗고개는 알아도
보릿고개는 웬 고개인가
고개를 갸우뚱 하겠지만
긴 겨울을 근근이 버텨오다
먹을 것이 바닥이 날 때 쯤
허기진 배를 움켜쥐고
넘어야 했던 고개
그 빼앗긴 내 어린 시절의 봄은
어데서 되찾아야 할까요

## 옥잠화 그대

일부러 깔깔대며 웃지 않아도
늘
입가에 부서지는 하얀 미소
다소곳하며
짙지도 엷지도 않은
그 은은함이여
언제 어데서나 늘
수줍은 미소만 머금는
그대는 옥잠화
분명 그대는 옥잠화이어라

## 찔레꽃

엄마를 산에 묻고
내려오던 날
산골짜기마다
눈부시게 피어있던 꽃
하얀꽃 찔레꽃
해마다 칠월이 오면
가뭇 잊고 지냈던 엄마가
새록새록 생각이 난다
사뭇 잊고 살았던 엄마가
자꾸자꾸 그리워진다
하얀꽃 찔레꽃

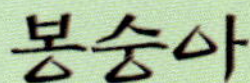


더 이상 가난이 싫다고
산 넘고 물 건너
서울로 간 울 누나
봄이 오면
꼬옥 돌아 온다고
봉숭아 꽃물 곱게 든
새끼손가락 걸고
훌쩍 떠나가더니
봄이 오고가고
또다시 돌아와도
깜깜소식 울 누나는
어데서
잘 살고 있을까
하마
잘못되지는 않았을까
올해도
돌담 밑에
쪼그리고 앉아서
눈물로 꽃씨를 뿌리는
울 엄니
땅이 꺼져라
몰아쉬는 한숨에
하루해가 너무 길다

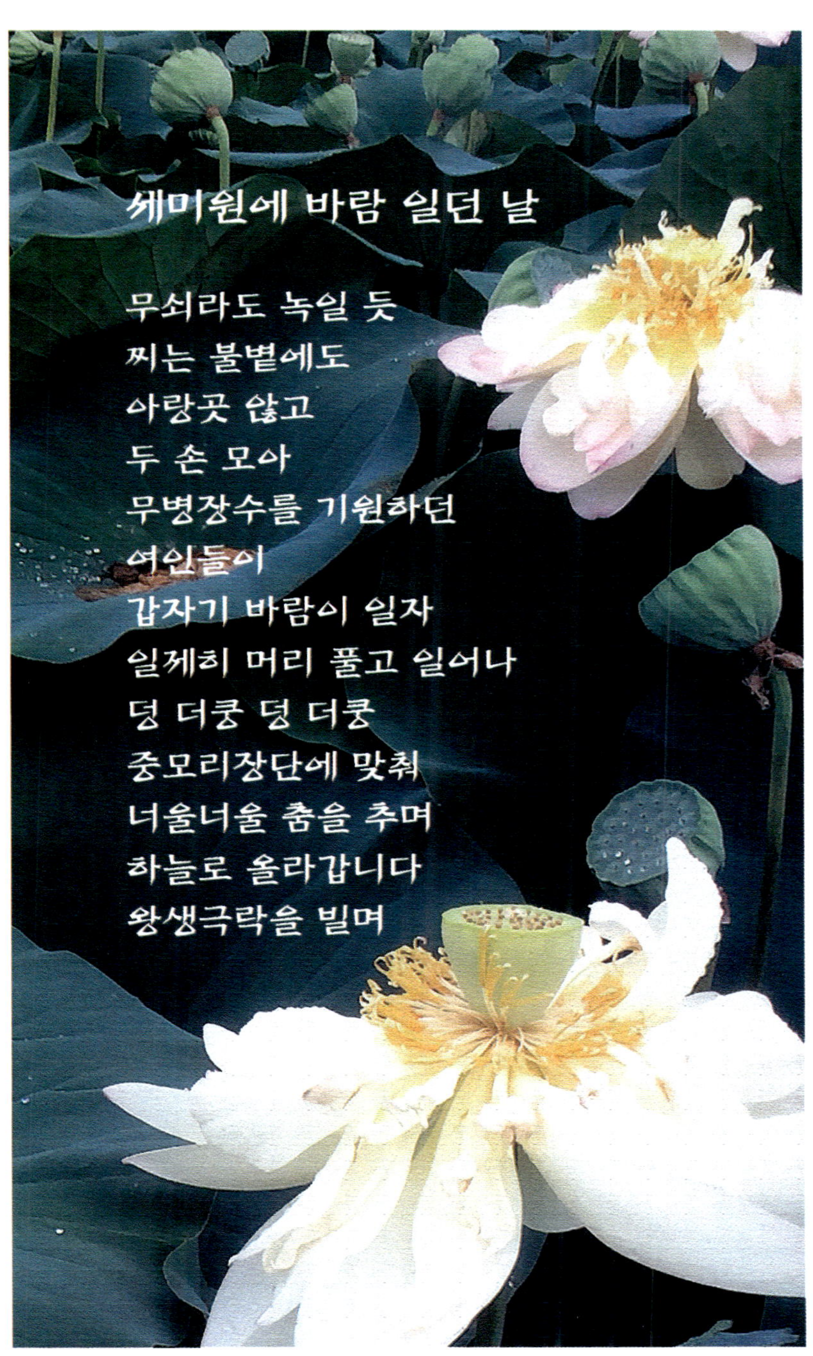
세미원에 바람 일던 날
무쇠라도 녹일 듯
찌는 불볕에도
아랑곳 않고
두 손 모아
무병장수를 기원하던
여인들이
갑자기 바람이 일자
일제히 머리 풀고 일어나
덩 더쿵 덩 더쿵
중모리장단에 맞춰
너울너울 춤을 추며
하늘로 올라갑니다
왕생극락을 빌며

# 채송화

지난밤
나의 뜨락에 놀러와
한바탕 파티를 벌리던
밤하늘 별들이
갑자기 날이 밝아오자
돌아갈 길을 잃고
그대로 나의 꽃밭에
낮별이 되어
온종일 햇님과
사랑을 속삭이더니
어둠이 오기도 전에
그만 오므라들고야마는
그대 하루살이
그 욕심없는 사랑이
너무도 애처롭구나

## 상사화

이승과 저승 사이에서
서로 애태우며
그리워만 할 뿐
생전에 만나서
서로 껴안고
보듬을 수 없는
그런 사랑은 싫어요
너무 슬퍼서

당신이 손짓하며
뭐라고 내게 말을 건네 와도
도무지
알아 들을 수가 없고
시공을 넘어
서로 외사랑만 하다
그만 죽어서야 이루는
그런 사랑은 싫어요
너무 허무해서

## 가을

모두들 머언 길
떠날 채비를 하고 있구나
그립다는 말 대신 들길을
노오랗게 물들여 놓고
서둘러들
떠날 채비를 하고 있구나

모두들 머언 길
떠나가고 있구나
사랑한다는 말 대신 산길을
빠알갛게 불질러 놓고
부리나케들
떠나가고 있구나

모두들 머언길
달아나고 있구나
살랑살랑
갈바람에 손을 흔들며
부랴부랴들
달아나고 있구나

# 선운사 동백꽃

머언 그리운 임의 기별인가
수줍은 처녀 볼
발그레한 복분자 술잔 위에
사뿐히 내려앉는 눈송이
돌아올 수 없는 강
먼저 건너간 임
작설차 한잔에도
핑 도는 눈물은
분명 남아있는
취기 때문만은 아니리
아아 선운사 눈은 쌓이고
밤새워
목놓아 우는 동백꽃이여

동백꽃 당신
눈속에
결연히
피어나는 모습도
아름답지만
눈밭에
처절히
떨어져눕는 모습이
더 아름답다
동
백
꽃
은

자운영에게
사흘도 못 가는 자태를 뽐내려고
성급하게 피려다 그만
꽃샘바람을 맞고
몰골사납게 지고마는 목련꽃보다
진득이 참았다가
보드라운 바람과 벌 나비떼 불러모아
한봄 느러지게 놀다 가는
그대처럼 나도 늙어갈수록
인내하며 너그럽고 향기로운
그런 사람이 되고 싶다
(사진제공 : 이춘미 시인)

# 안개꽃

혼자서는 아무런 의미가
되지도 않는 것이
붉은 장미와 다발로 뭉치면
소녀들의
웃음소리가 되기도 하고
연인들의
속삭임이 되기도 하고 때로는
순결한 신부의 머리 위에
축복받은 신랑의 가슴에
기쁜 날이면
제일 먼저 초대받는 꽃
작아서
더욱 사랑받는 꽃이랍니다

소원
지나는 길손마다
소원을 빌며
쌓아올린 돌탑을
그냥 지나칠 수 없어
돌 하나에
소원 하나씩
탑을 쌓는다
죽는 날까지
설령 내게
병마가 찾아온들
제발 치매만은
비껴가 달라고

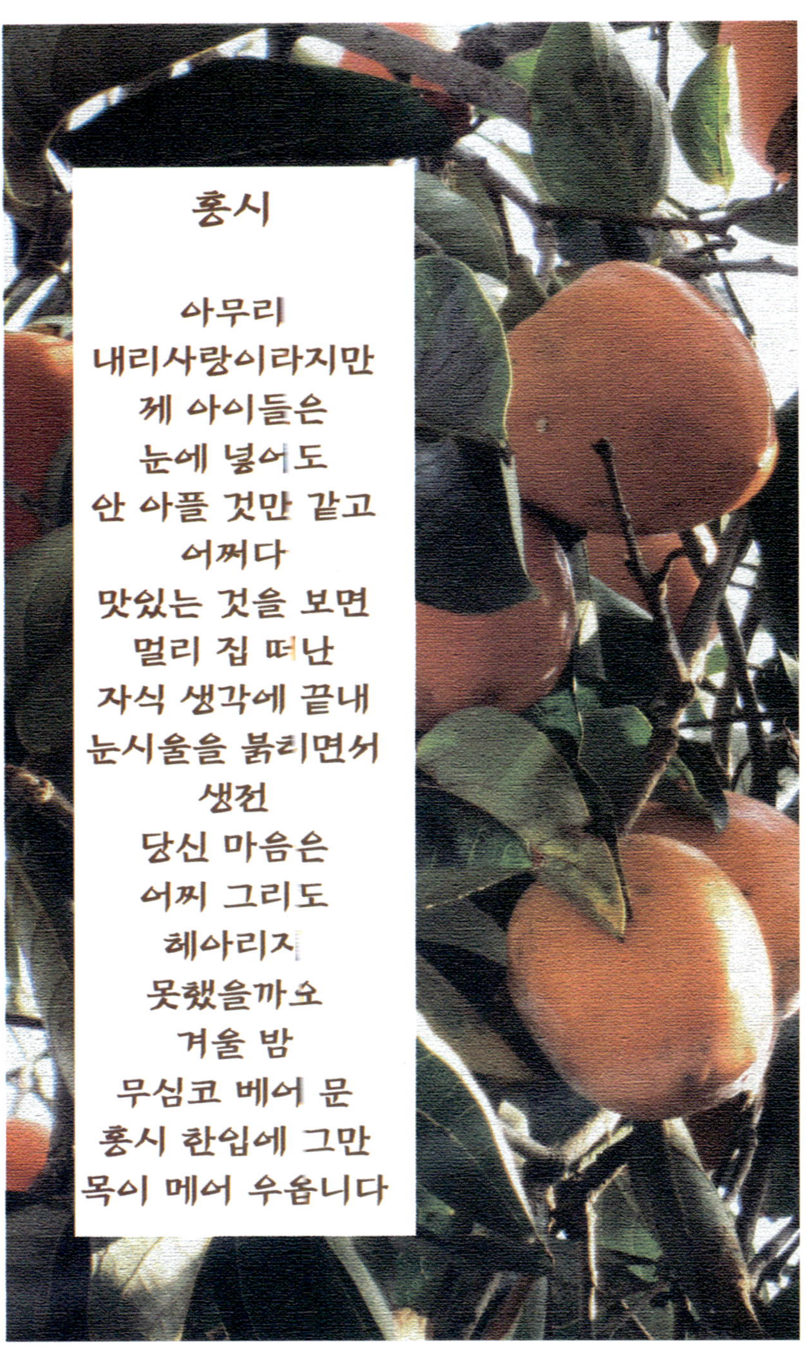
홍시
아무리
내리사랑이라지만
제 아이들은
눈에 넣어도
안 아플 것만 같고
어쩌다
맛있는 것을 보면
멀리 집 떠난
자식 생각에 끝내
눈시울을 붉히면서
생전
당신 마음은
어찌 그리도
헤아리지
못했을까요
겨울 밤
무심코 베어 문
홍시 한입에 그만
목이 메어 우옵니다

## 결

그 누구인들 인생길이
순탄하기만 하랴
꽃길을 걷다가
자갈길을 걷기도 하고
오르막길 내리막길
때로는
낭떠러지에서
굴러 떨어지기도 하고
섧디 서러운 강을 만나
굽이굽이
돌아가기도 하고
가지 많은 나무
옹이도 많은 것처럼
그 누구인들
상처없는 사람이
또 어데 있으랴
가슴에 박힌 옹이도 상처도
다 끌어안고
살아갈 수밖에

장윤태 시집_ 안 가본 길

초판 인쇄 | 2018년 2월 15일
초판 발행 | 2018년 2월 20일

—

지 은 이 | 장윤태
발 행 인 | 문효치
편집국장 | 김밝은

—

펴낸곳 | 사단법인 한국문인협회 月刊文學 출판부
주소 | 서울시 양천구 목동서로 225 대한민국예술인센터 1017호
전화 | 02-744-8046~7
팩스 | 02-743-5174
이메일 | klwa95@hanmail.net
등록 | 2011년 3월 11일 제2011-000081호
ISBN 978-89-6138-369-1 03810

—

값 8,000원

—